봄을 듣다

봄을 듣다

고순자 시집

인간과문학사

● 시인의 말 ●

시를 좋아해서
가까이 지낸 적도 있었다

좋아했던 마음 접어두고
십여 년을 흘려보냈다

늦었지만 한 줄 한 줄 찾아내어
첫 시집을 묶는다

2025년 5월
햇볕 고운 봄날에

차례

시인의 말 - 5

제1부

동거 - 10
말벌과 무화과나무 - 12
느티나무 벚꽃 - 14
흑백사진 - 16
찔레가 다녀가다 - 18
봄을 듣다 - 20
중심 - 22

제2부

교동길 - 24
산사 가는 길 - 26
겨울밤 - 28
산 방죽 - 30
구시포 - 32
갯벌 - 34

제3부

가을 산 - 36
산벚꽃 - 37
꽃비 - 38
손가위 - 40
콩 씨 - 41
바람꽃 - 42
기일 - 43

제4부

봄 - 46
상사화 - 48
명자꽃 - 50
연못 - 52
봄비 - 54
숨 - 55
십일월 - 56

제5부

    석류꽃 - 58
    새소리 - 60
    어리연 꽃배 - 62
    새벽에 걸려온 전화 - 64
    어머니의 외출 준비 - 66
    옥정호 - 68
    입춘 - 70
    매화나무 - 72

고순자 시인의 시 세계
고요하고 깊은 시간으로 세상을 위로하다 _ 김영 (시인·문학평론가) - 73

제1부

동거

비가 어제 밤 내려
빗물 머금은 나무들이 초록으로 반짝인다

목발도 한통속이어서
오늘은 이 발에 가지가 돋으려나
바닥을 짚을 때마다 스멀스멀 겨드랑이를 간지른다

시멘트 계단을 잘도 오르던 다리가
마지막 남은 계단을 지워버렸다
발목의 무게는 온몸을 짓눌러
객식구를 들이기로 했다

나이 들어 친해지기란 어려운 일이었다
내 식구만은 못한 것이다
모진 생각을 뱉은 적도 있었지만
이조차도 잊혀질 여느 날들이 지났다

낮게 베어져 있던 목발에서
물 흐르는 소리가 들린다

뿌리 없는 나무에 물이 오르고
머지않아 새싹을 틔우려면 비도 맞아야 된다며

놀라서 깨어 보니 이제는 발을 딛어보란다

힘들 때 동거해 온 반쪽을 어쩌지?
장마철이라서 심어주면 뿌리 내릴 수 있을까

말벌과 무화과나무

무화과는 꽃이 없다고 해서
붙여진 이름이래요
무화과나무를 은화과나무로 부르기도 하지요
꽃이 숨어 있다고 해서 말이에요
이 나무에 꽃주머니가 있다는 걸 아세요?
5월이 오면
나뭇잎의 겨드랑이 사이로 새순처럼
볼록 돋아나 주머니 모양으로 자라지요
그 속에서 보일 듯 말 듯 작은 암 수꽃이 피어
말벌을 부르지요
꽃 속으로 들어온 벌들은 온몸에
꽃가루를 바르고 매파 노릇을 해 준다네요

수꽃은 벌에게
꽃가루를 뿌려주어 벌이 사랑의 결실을
맺도록 도와주지요
사랑에 빠진 암벌이 꽃 속에 알을 낳으면
그때부터 수벌은 이별을 준비한다네요

알을 낳은 암벌을 꽃주머니 밖으로 밀어내고
생을 끝내니까요

꽃주머니는 과육으로 채워지면서 익어가고
말벌은 딱딱해지는 무화과 껍질을 깨고
세상 속으로 날아들지요

느티나무 벚꽃

충남 청양군 목면 본의리에 본적을 둔
느티나무가 주소 한번 옮기지 않고
오백 년을 살고 있대

세 형제가 우람하게 자랐는데
비바람에 큰형 줄기 잘려나갔대
그 상처 위로 벚꽃이
백 촉 전구로 환하게 피었대

벚나무는 느티나무에 세 들었을까
아니면, 느티나무 상처에 몸 풀었을까
오백 년 느티나무 젊은 벚나무 만나 회춘했겠네
속내도 모르는 마을 사람들 경사 났다네

오목눈이 둥지에 알을 낳고 떠난 뻐꾸기
새끼는 오목눈이와 발뒤꿈치가 닮았다네
어이없게도 뻐꾸기는 내 새끼라며 데려갔네
오목눈이 둥지에 허탈만 가득 남았네

느티나무에 눌러앉은 벚나무는 한통속이 되었으니
다문화 가정을 이루었네
오목눈이 둥지에 뻐꾸기 모자도
경사 났다며 한 가정 만들면 되겠네

뻐꾸기 어느 산골짜기 벚나무 열매 따 먹고
상처 난 느티나무에 앉았겠지
오목눈이와 뻐꾸기도 한통속 하면 안 되겠나?

흑백사진

흰머리의 초등학생들이 모였다
아직 머리카락이 자라지 않은 친구도 나왔다
지난해 만났던 진종이는
며칠 전 참꽃 보러 봄산으로 들었단다

산비둘기가 꾸욱꾸욱 울어대는 봄날
빛바랜 사진 속 아이들이
지나가 버린 날들을 데리고 와서
거미줄처럼 이야기를 풀어내고 있다

장난꾸러기 찬우는
바람난 아내가 집나간 뒤
반쪽 된 몸으로 누워있다 하고
동우는
정자네 집 변소 옆 살구나무꽃이 필 때면
정자가 꽃보다 예뻤다며 너스레를 떤다

끝이 보이지 않는 사진 속 아이들은
얼마나 많은 이야기를 꺼내 놓을까

단발머리 금자 등 뒤에서
우리들의 이야기를 듣고 있던 낡은 벽시계는
시간을 감고 있다

찔레가 다녀가다

아버지를 산에 묻고 내려오던 날
길 숲 가장자리를 하얗게 물들이던 찔레가
엄마 치맛자락에 매달려 와
울타리 위에 펼쳐놓은 광목처럼 바래가고 있었다

입안에 돋은 가시가 서로의 상처를 건들까
말문을 닫은 가족들
울타리 사이로 계절이 예닐곱 번 오고 가는 동안
말없이 피었다 지곤 했다

서리 묻은 바람 때문에
찔레가 피지 못한 이른 봄, 할머니는
우리에게 광목옷 한 벌씩 건네고는
희디흰 걸음으로 마당을 빠져나가고
또 한 번
처마가 출렁거리고

찔레인지 안개인지

자꾸 눈이 흐려지는 엄마는
어린것들 눈망울로 길을 밝혔다

찔레가 다녀갈 때마다
엄마의 속울음이
울타리 옆으로 지천이었다

봄을 듣다

봄날
노오란 담장 옆으로 길게 장이 섰다

들에서 겨울을 지낸 시금치며 냉이 움파도 있다
밭두렁을 옮겨놓은 듯 펼쳐놓고
무릎 사이에 귀를 내려놓은 할머니
베어진 나무 밑동처럼 한쪽에 박혀 있다

고단하고 덜컹거렸던 날들을
듣고 있는지
새벽을 이고 나온 머리 위로
고요가 멈춰 있다

그냥 갈까
망설이던 발걸음이, 냉이 좀 주세요
쪼그려 앉은 나른함이 깨어난다

당신의 푸른 날을 만났을까

연신 미소를 띠며 건네주는 할머니의 봄
나물에서 봄을 듣다

중심

중심을 놓쳐버린 여자
등나무 같은 손목이 허공을 여러 번 슬렁이고 나서야
젖가슴이 드러났다
아가와 엄마가 이어지는 순간이
의식을 치르듯 진지하다

수저를 잡고 있는 여러 개의 눈과 마주쳤다
조금 전 흔들리던 여자는 어디로 가고
뿌리 깊은 나무처럼 의젓한 모습으로,

너의 앞에 놓여있는 밥그릇과
내 아기가 물고 있는 젖이 무엇이 다르냐고
반짝이는 눈으로 묻고 있다

고요가 말을 삼켜버린 식당 안
많은 입들은 대답을 놓쳐버렸다

아가는, 여자가 놓쳐버린 중심에 있다

제2부

교동길

가을날 향교는 황금빛으로 고즈넉하다
울 안 아름드리나무 사계절을 품었던 보물을 아낌없이
내려놓고 있었다
빈손으로 동안거 들어가는 가을 나무들 의연하게 서 있다

향교를 나서면 전주천 사이 홍살문 옆으로
나지막이 대문 열어놓고 살던 동네 사람들 어디로 떠나고
높다란 담벽 낯선 풍경으로 다가온다

천변 둑길 벗꽃나무 가지에 봄은 먼저 찾아왔다
중바위에서 불어오는 바람, 한벽루 더위를 식혀주던 곳
눈 내리던 겨울밤 구슬픈 곡조로 하모니카를 불던
그 사람은 어디로 갔을까

겨울 찬 바람을 가르고 진주역을 빠져나오는
전라선 완행열차 기적 소리에
잠을 깨면 맥없이, 아득해진 그리움이 몰려와
나를 슬프게도 했던 그 겨울의 새벽녘

그 시절 어린 마음이 그냥 집으로 달려가
따뜻한 겨울을 살고 싶었던 천 구백육십 년대 교통은
내 청춘이 잠시 머물렀던 곳이다

산사 가는 길

가을걷이 끝난 논밭에
햇볕이 한가롭다

길 양편에는
수수, 오가피, 알밤
여름이 키워낸 흔적들이 나와 있다

산에서 금방 따 왔다며
망태기에서 으름을 꺼내 놓는 노인은
겹쳐진 허리가 가을볕에 수척하다

상가에서는 더덕 막걸리 맛을보고 가라는
여인의 목소리가
계곡 물소리 따라 길게 흐르고 있다

엿장수 가위 소리가 짧은 햇살을
쨍강쨍강 잘라내는 오후

한 무리의 관광객들이 몰려 있고
가설무대에서는 앳된 여자가 부르는
천둥산 박달재를 따라서 넘어가고
빈 무대에는 웅성웅성 낙엽이 내리고 있다

비탈길로 접어드니 마른 꽃자리에
바람이 계절을 넘기며 지나고
노을이 가을처럼 지고 있었다

겨울밤

앞산에 부엉이가 울던 겨울
가슴 긁는 울음소리에 잠 깨어 보면
어머니는 한숨 반, 노래 반
흥얼거리며 바느질하고 있다

작아진 내 바짓단과
아버지의 푸른 꿈도
찾아서 꿰매기라도 하는 걸까
새벽 찬 바람이 문풍지를 흔들어도
미동이 없다

밤새울 거에요?
아니, 내 밤은 길어서 괜찮다 어서 자거라

수많은 밤을 꿰매는 바늘땀이 언제까지 이어질까
날이 새도록 꿰매도 이어지지 않을 자국을
어쩌자고 붙들고 있는 걸까
애끓는 부엉이 소리는 긴 밤을 잡고 있다

자는 척 아랫목을 파고들지만
내게도 욱신거리는 밤이었다

산 방죽

산은 정오가 되면 그림자를 거두고
방죽은 햇볕으로 가득하다

생수가 솟는 이곳은 물이 맑아
긴수염새우도 살고
붕어밥풀, 부레옥잠

못난이 수련도 앙증맞은 꽃을 피워
고추잠자리가 수평을 맞춰 보느라
한낮의 시간을 재우고 있다

하늘이 차츰 높아지면
갈대는 발돋움 치며 하늘에 닿고 싶어 한다
바스락거리는 소리에 놀란 붕어는
머리를 내밀어 허공을 뛰어오르다

계절이 저무는 줄 모르고 피고 지는 들꽃 사이
키 큰 돼지감자 노란 꽃을 피워 바람에 흔들리고

상두산 두암사 풍경소리
산 방죽에 내린다

구시포

썰물 때 맞춰 슬쩍
바다가 자리를 비켜주고 있다
멍석을 펼쳐놓은 듯 너른 갯벌 위에
푸른 미역귀 몇 개가 여기저기 뒹굴고 있다

소라껍데기에 세 들어 사는 소라게와
볼 안에 말을 물고 나오는 짱뚱어,
먹이를 찾아 나섰다가 집게발이 잘린 농게가
입가에 거품을 물고 나온다
제집에 발가락만 넣어도
문 닫아버리는 조개도
제 하고 싶은 말만 뱉어낸다
갯벌이 금세 소란스러워진다

새벽녘 술에 절어 들어온 남편
술주정에
잠 설친 아낙은 바구니를 내려놓기도 전에
이야기부터 갯벌에 쏟아낸다

봄볕이 잦아들고
바다가 들어올 때쯤
바구니에 비린 저녁을 담은 구시포 아낙은
갯벌을 거두어 마을로 돌아오고 있다

갯벌

한가로운 오후의 바다
물비늘이 눈부시다

썰물 때 바다는 비릿한 갯내음이 떠다니고
가을바람은 짧은 햇볕을 나룻배에 실어 나르고 있다

뻘 속에서 튀어나온 짱뚱어와 뻘게
제멋대로 길을 내며 뛰어다닌다
바구니를 메고 나온 노인은
가을같이 쓸쓸한 손으로
바구니에 뻘게를 채운다

밀물이 노인의 손등을 어루만지며
너울너울 들어오는 파도
방파제 언덕에 부딪혀 흩어진다

짧은 햇살을 물고 갈매기 떠나면
갯벌에, 고요한 밤바다가 온다

제3부

가을 산

억새 울어 멍든
가을 산

산 아래 잿빛 다람쥐
초롱한 눈망울에
하늘을 담았네

산벚꽃

노란 냄비에 봄비를 담으면
한 줌 수채화가 익지요

붓 자국 뭉개지도록
흐드러지게 끓어오르는 산벚꽃

물안개 한 방울 볼에 적시고
그리도 흐드러지게 우십니까

아무도 모르는 물감으로
봄 햇살 다녀갔는지

꽃비

꽃이 나무를 흔들며 진다
허공으로 손을 뻗은 가지마다
무더기로 봄을 풀어놓더니
건들, 꽃바람이 흩날린다

허공의 무게를 이기지 못하고
맥없이 흔들리는 봄이
꽃비 되어 내린다

지는 건 순간이야
하지만,
나는 사계절을 기억하고 있어
지난겨울 내리던 함박눈도
갈대 우거진 가을 숲을 지나던 바람도
무지개도 소낙비가 데리고 오던 걸
보리밭으로 마실 나온 봄볕도
내 꽃망울에 앉아 살짝 졸다가 갔거든
바람에게 말 건넨다

다시 만나고 올 거야
맥없이 흔들리는 봄날에

손 가위

햇볕이 키워낸 나뭇가지
제멋대로
쭉쭉 뻗어갔다

나뭇가지 위로
할아버지 손가위가
지나간 계절의 아쉬움을 잘라내듯
싹둑싹둑 여름을 잘라내고 있다

콩 씨

콩을 심고 며칠이 지나도
싹이 나오지 않으면 씨가 아니다
그냥 콩이지

주렁주렁 콩 꼬투리 잘 맺으라고
좋은 날에 심었지

어어
가지에 팝콘을 뿌렸나?

어느새 여름이
콩 꼬투리마다 푸른 보석을
가득가득 채워놓고 떠났네

바람꽃

산 아래 첫 마을에 살고 있는 갈대
웅덩이에 발을 담그고 살아간다
얼마 전까지 이웃하고 살던 벼가 있었다

어느 날 아침
두 눈을 부릅뜬 콤바인 아저씨
그 큰 눈에 불을 켜더니 벼들을 데리고 가 버렸다
아직, 작별 인사도 나누지 못했는데,

빈 들녘에 바람만 가득 몰려왔다
가버리면
한 움큼 그리움이 흔들려…

갈대는 생각에 잠긴다

기일

달이 밝습니다
열이레 달빛이 하도 밝아서
아버지를 그려 보고 싶습니다

기억은 밝은데 달빛이 아득해지네요
그리던 손, 길을 잃어서
마치지 못한 궤적 한 편 걸어두고 옵니다

제4부

봄

입춘 추위가 보리밭 이랑에 살얼음을 펼쳤다
남녘에는 봄바람 지나갔다고
오늘 새벽, 안개가 다녀갔다

일생을 춥게 살아도 그 향기를 팔지 않는 매화
아직 추위가 떨고 있는데
나뭇가지 시린 꽃망울을 터트렸다

매화 피어 생강나무 꽃망울 부풀리고
선운사 봄 동백 수줍게 웃다가 꽃송이 툭툭 떨어져 버리면
정주님과 막걸릿집 작부 육자배기나 들으러 갈까

첫사랑 목련꽃 그늘에서 삼돌이 편지를 읽노라면
샛노란 개나리 아가씨 우물가에서 사랑 노래 부르고

연분홍 진달래 흐드러지면 꽃길 위로 사랑하던 오순이
사뿐히 즈려밟고 가시라던 소월은
죽어도 아니 눈물 흘린다 해놓고 붉게 울었지

두견이 밤새워 퍼렇게 울어 예면
산벚꽃, 두견이 구슬픈 울음을 허공에 그리는 봄

영랑님 찬란한 슬픔의 봄을
모란이 필 때까지 아직도
기다리고 계십니까

상사화

발자국 밑에 바다가 있었다

바다의 길은 숲속에도 있어
나뭇잎들이 파도를 흔들며
허공으로 날아간다

그곳,
돌탑 앞뜰에 행자 스님 불을 질렀을까

천년을 한 사람만 기다리는
그런 사랑의 꽃이 되고 싶어서
상사화 온몸으로 타고 있다

천륜으로 밀어 올린 꽃 대궁
아직 피지 못한 봉오리들
몽땅 뭉그러뜨린 발자국이

이 계절이 붉은 이유를 알아냈다
상사화 꽃받침이 돛으로 흔들렸다

사람들은 해가 수평선으로 더 기울기 전에
이곳을 빠져나가야 된다며
서둘렀지만

흩어진 꽃잎들이 바람길을 따라나섰다

명자꽃

그해 초봄
나뭇잎 한 장 내보이지 않고
죽은 듯 서 있던 가시나무

매운바람에 피지 못하고 맺혀있는 모습
행여 너의 안부인가
서성이다

봄소식, 빨간 꽃잎일 때
온몸으로 신열을 받아내며
뜨거운 얼굴이던 명자야

너의 긴 기침 소리는
울타리를 타고 넘어와
잠 못 드는 밤을 내어 주고

가슴 쓸어내리던 봄밤이었지

달엣 것 치르듯 붉은 꽃잎 토해내고
너는 서둘러
먼 길을 떠났지 그 먼 길을…

연못

먼저 도착한 그리움이 민낯으로
태양을 굴리고 있다

여름밤 가끔씩 찾아왔던 연못
우리가 앉았던 벤치는 한낮의 열기를 피해
길게 누워있다

건지산 바람이 연못을 지나오면
더위는 어느새 사라지고

은은한 연꽃 향에
숙연해질 때도 있었다

여름밤. 새벽은 우리
이야기를 따라 오는 날도 있었다

한 잎 한 잎 눌러 적은
버리지 못할 시간

정갈하게 모아
연못에 띄워 두었다

봄비

나무야,
노란 손가락을 내밀어봐
어제도 오늘도
종일 서 있었단다

그래, 봄비야
조금만 기다려
만날 준비가 끝나가거든
가지를 너무 흔들지는 마,
어지러워 멀미가 나려고 그래

사실은 봄바람과 같이 왔거든

그래! 지금 땅속에서도 씨앗들을 밀어 올리는 중이래.

알았어, 살금살금 살랑살랑 자주 올게
어서 만나자.

숨

가습기 날숨에 병실이 잠긴다
어머니 마른 숨소리가 고요를 깨고
애달픈 마음들이 침대 곁으로 매달려 있다

어머니!

계절이 바뀔 때면 세월이 무상하다 하셨지요
태풍이 몰아치는 밤이 와도 괜찮다며
우리 곁을 지켜 주셨지요

당신은 여장부였고, 때로는 여린 여인으로
스물여섯 청춘에 인생이라는 망망대해에
외로운 배 한 척 띄워 놓고

오직 자식 향해 살아오신 어머니
당신의 무상한 세월이 흐르는 동안
한 번의 정박도 없이 닻을 내리십니까

십일월

아직 모든 것들이 사라지지는 않은 달
인디언들의 십일월은 그렇게 불리운다

나는 사라지려 하는 모든 것의 귀퉁이에서
쪼그려 앉아 반대편에 종이배를 띄웠다

빈 걸상, 연필 자국들, 피곤한 이들 모두
밀물만 있는 바다를 타고 분주히

그 속에 한 발은 딛고
다른 한 발로 길게 밀어내며

다른 세상의 달로
마음 깊은 곳에 머무는 달로

제5부

석류꽃

그해 유월은 한낮에도 떨렸다
잿더미가 되어버린 집터
가지가 부러진 석류나무가 그을린 채 서 있었다

나는 할머니 손에 끌려
겨우 자리 앉은 흙먼지 헤치며 산으로 갔다
한참 자란 후 알았다
아버지의 주검을 찾아서 갔던 길이었음을

석류꽃이 필 때면
당신 아들 생각에 섧게 우시던 할머니
석류꽃 지던 날 따라 져 버렸다

올해도,
아버지가 심어놓은 석류나무는
주홍등을 켰다

오랜만에 찾아온 고향집

사철 대문을 열어놓고 아들을 기다리던
할머니 생각에
차마 대문을 닫지 못하고 나왔다

새소리

　우리 앞 집 마당에는 키 큰 은행나무와 목련나무가 살고 있다 목련은 이른 봄 쌀쌀한 바람 속에서 거친 껍질을 뚫고 뾰족이 입을 내밀어 부풀기 시작하면 봄 햇살이 쏟아져 내려주면 빈 나뭇가지에 꽃등을 켠다 바람은 진달래 개나리에게 어서 꽃피울 준비를 하라며 채근을 한다 목련꽃이 시들어 떨어지고 나무의 몸 속에서 새의 혀 같은 잎이 돋아나 허공을 메우기 시작하면 잎이 무성 하게 자라 금새 그늘을 만들어 놓는다 목련나무 옆에 서 있는 은행나무 가지마다 아기 손바닥들이 봄 소풍이라도 나온 양 흔들고 있다 나무는 언제 꽃을 피우는지 꽃을 보여주지도 않고 열매를 매달고 서 있다 이렇게 촘촘히 얽혀진 나뭇잎 속에 새 둥지도 없이 이름 모를 새가 살고 있다 계절이 바뀌어 나뭇잎이 모두 떨어 지고 앙상한 가지만 남아 있어도 새는 떠나지 않는다 사계절을 똑같이 영롱한 소리로 노래한다 겨울날 빈 나뭇가지에 눈이 소복이 쌓여 발이 시려울 텐데 새벽이면 어김없이 잠을 깨운다 어쩌다 늦게 잠든 날이면 나도 모르게 짜증이 나서 저 빌어먹을 새 새끼 제 깟게 새벽은 어떻게 알아서 자리를 털고 일어나면서 구시렁대다가 아니 새끼 새가 아니라 어른 새일지도 몰라 새끼 새라면 추운 새벽에 나오지 못했을 거야 엄마 새가 춥다고 안고 있을지도 몰라 저 새는 할머니 새가 아닐까 새도 나이가 들어 새벽잠이 없어 나왔나 보다 차디찬 나뭇가지를 움켜쥐고 오늘도 새벽을 연다 봄이 되어 목련이 피었다 지고 다시 여름이 갈 즈음 언제부터인가 이름도 모르는 이 새가 아침이 되어도 소리가 없다 혹시 어디로 이사해 갔을까 아니면 죽었을까 궁금해지기 시작했다 나무 밑으로 가서 이리저리 찾아봐도 흔적도 없다 이제는 영롱한 새의 노랫소리를 들을 수가 없게 되었다 새벽이면 은근히 새소리가 들릴 것만 같아 기다려진다 그 새는 어디로 갔을까

어리연 꽃배

정원 호수에 꽃배가 떴다
가끔씩 지나던 너울이
발을 넣어 흔들어 본다

갈피없이 흔들리는 어리연잎
꽃 진 자리에 바람을 태운다
아쉬워,
지금은 찾아볼 수 없는 흔적

백일홍 언덕길을 우레같이 오르던 바람
보랏빛 타고 내리는 능선
연잎에 펼쳐졌다

또로록또로록 손 흔들며 굴러가는
순환열차 하늘을 구르는 사람들,
호수에 빠진 백일홍 언제쯤
튀어 오를까

어리연 꽃배에
쪽빛 하늘이
계절을 풀어내고 있었다

새벽에 걸려온 전화

꿈속에서 전화 통화를 했다
전화벨 소리가 울리는 것이다
꿈결인지 잠결인지 분간이 안 된다

새벽 세시에 계속 울리는 벨소리
이 시간에 웬 전화일까
머리를 스치는 불길한 예감, 혹시?
잠이 퍼뜩 깼다
누구시냐고 얼른 물었다

'너 어디 아픈데 없냐?'
어깨는 괜찮으냐고 물으신다
'아이구, 어머니! 괜찮은데 이 시간에…'
'응, 꿈자리가 뒤숭숭해서 잠이 깨버렸다.'

놀란 가슴을 쓸어내린다
내가 해야 하는 안부를 어머니는 새벽같이 물으신다
물이 거슬러 올라가지 못하는 것처럼

자식의 아둔함이 어찌 부모 마음을 따를 수 있겠는가
걱정하는 마음에 깊은 잠 들지 못한 당신
내 어깨 아픈 걸 어떻게 아셨을까?

어머니 둥글게 말린 허리가 아픈 것 아닌지
걱정되는 새벽이다

어머니의 외출 준비

어머니는 평상복이 아닌 옷을 입고
거울 앞에서 옷매무새를 보고 있었다

해마다 장마철이 지나면
바람 친다며 햇볕에 내놓았던 옷
장롱 위 보자기에 언제부턴가 들어있던 옷
금방이라도 외출할 듯 보였다

'어머니! 장마철은 아직 멀었는데
이 옷은 왜 내놓고 그러세요?'
나도 모르게 볼멘소리가 나왔다

'볕이 좋아 내 놓았다.
느그 아버지 만나러 갈 때 입고 가야지'
목소리가 가늘게 떨리고 있다

문갑 위 사진 속 아버지는
우리 이야기를 듣고 있을까
아직 이십 대에 머물러 있는 아버지

잃어버린 날들이 어머니의 흰 머리카락만큼이나
바래져 갔다

어머니의 외출복이 헐렁해진 어깨 위로
하루해가 저물고 있다

옥정호

산내 마을 앞 정자나무 서 있었네
허리 굽은 어르신 장기판 벌려 놓던 곳

누렇게 익은 보리밭 뚝길에
키 큰 포플러 나무
새들의 보금자리 지지배배지지배배
물 위로 날아오르던 이곳에
사랑하는 사람들 살았네

초등학교 운동장에서
뛰어놀던 선태랑 순이랑
종소리가 교실에 데려오면
첫 부임 처녀 선생님 풍금 소리
찰랑찰랑 들려오는 이곳에
사랑하는 사람들 살았네

농사용 비료 나왔으니 가져가라
이장님 마이크 소리, 동네 소식

물 위로 둥둥 떠 오르던 이곳에
사랑하는 사람들 살았네

수많은 이야기 물 밑에 잠재우고
흔적 없는 물결만 잔잔한 옥정호
새벽이 물안개에 잠겨 있다

입춘

오전에 잠깐 아지랑이가 다녀갔다
나무를 감싼 보온 덮개를 벗겨주었다

추위가 떠나지 못한 들녘에서 불어온 찬바람이
빈 나뭇가지에 걸려있다
멀리서 밀려온 빛바랜 눈발이
천천히 하늘로 오른다

지난가을 남해에서 가져온 어린 유자나무를
산밭에 심고
얼지 말라며 당부까지 넣어 덮어주었다
겨울을 처음 맞은 나무들
여린 손발 가락에 얼음은 안 들었을까

객지에서 첫 겨울을 지낸 철부지 딸 생각에
아랫도리에 손을 얹어보고 가지를 쓰다듬는다
매운 추위 잘 견뎠다며 햇살도 한 줌 뿌려준다

흙을 돋아주고 뿌리 가까이 속삭이듯
말도 걸어보며 가만히 귀를 대보았다
나무는 어느새, 사드락사드락
봄 바다를 퍼 올리고 있었다

매화나무

허물어진 돌담 밑으로
발을 묻고 서 있는 나무
상처가 세월을 끌어안고
동굴이 되었다

동굴 안에
추위를 피해 들어온 바람은
거북이 등 같은 나무껍질 아래
꽃물을 돌게 했을까

손가락 가지 하나
꽃망울을 매달고
추위가 떨고 있다

이럴 수가!

늙은 매화나무 가지에
새봄을 피워내고 있다

■ **고순자**시인의 **시 세계**

고요하고 깊은 시간으로
세상을 위로하다

김 영 시인·문학평론가

■ **고순자**시인의 **시 세계**

고요하고 깊은 시간으로 세상을 위로하다

김 영 시인·문학평론가

1. 고요하고 깊은 시간을

필자는 전북문학관에서 고순자 시인을 처음 만났다. 매주 화요일 작은 문학 모임이 열리는 자리였다. 아무리 기억을 뒤적여도 안면이 있는 분이 아니었다. 도내 대학의 문예창작과에 다니셨다는 이야기와 다복한 집안이라는 이야기를 풍편에 들었다.

고순자 시인은 아주 고요한 사람이다. 필자는 고 시인

을 유복하게 자라고 또, 좋은 자리에 출가해서 평생을 마른자리에서 사신 분이라고만 짐작해볼 뿐이었다. 그런데 고순자 시인도 시집살이도 하고 고 시인의 나이에 겪어야 하는 세상 고생도 까락까락 다 겪으셨다는 이야기를 다른 사람들과 어울리는 자리에서 토막토막 얹어 들었다.

바다가 잔잔해지기 위해서는 거친 파도를 다독이는 과정이 꼭 필요하다. 고순자 시인의 삶이 그런 듯하다. 생의 고요는 그리 쉽게 얻을 수 있는 게 아니구나 생각하며 고 시인의 원고를 열었다.

고순자 시인은 완전하게 발효된 인생에서나 볼 수 있는 평온함과 고요함을 늘 손잡고 다녔다. 곱기만 한 고 시인의 말씨와 용모 어디에서도 나이를 느낄 수 없었다. 고 시인이 사용하는 표현들은 품위 있었고, 사고방식은 누구보다도 반듯하고 깔끔했다. 매사에 너무 정갈해서 가까이 가기 어렵기도 했다.

고순자 시인이 문단에서 활동하신 지는 꽤 되었다는데 발간한 작품집이 없었다. 여러 사람이 애원 반, 격려 반 꼬드기고(!) 나서야 겨우 고 시인의 원고가 내게로 온 것이다. 필자는 고순자 시인의 작품을 읽은 적이 없다. 작품 발표를 거의 안 하셨기 때문이다. 그냥 넘겨짚어서 고 시인 정도의 연령대에서 쓰는 일반적인 시 작품을 미루어 짐작하고 있었다. 그러다가 막상 고 시인의 원고를 받아들고는 깜짝 놀랐다. 말 그대로 '재야에 숨은 고수'였다.

고순자 시인의 작품에서는 현대 시가 지닌 수사와 세련된 기교가 작품 곳곳에서 넘쳐나고 있었다. 고순자 시인의 삶에서 우러나온 듯한 정갈하고 안온한 사유가 담긴 작품들이었다. 삶의 모든 과정을 관통하는 통찰력과 오랫동안 발효시켜 쉽게 풀어쓴 철학적 사유가 작품 곳곳에서 반짝이고 있다.

중심을 놓쳐버린 여자
등나무 같은 손목이 허공을 여러 번 술렁이고 나서야
젖가슴이 드러났다
아가와 엄마가 이어지는 순간이
의식을 치르듯 진지하다

수저를 잡고 있는 여러 개의 눈과 마주쳤다
조금 전 흔들리던 여자는 어디로 가고
뿌리 깊은 나무처럼 의젓한 모습으로,

너의 앞에 놓여있는 밥그릇과
내 아기가 물고 있는 젖이 무엇이 다르냐고
반짝이는 눈으로 묻고 있다

고요가 말을 삼켜버린 식당 안
많은 입들은 대답을 놓쳐버렸다

아가는, 여자가 놓쳐버린 중심에 있다
- 「중심」 전문

「중심」은 고순자 시인이 일상에서 캐낸 시적 순간이 잘 드러나는 작품이다.

위 작품의 시적 자아는 관찰자의 입장이다. 아니 전지적 작가 시점이라고 봐도 무방하다. 식당에서 사람들과 함께 밥을 먹던 "여자"는 공공장소에서 배고파 보채는 아이가 당황스럽기도 했을 것이다. 말 그대로 중인환시리(衆人環視裡)에 젖가슴을 내놓고 수유하기도 좀 당황스러웠을 것이고, 배고파 우는 아이의 허기를 얼른 달래느라 잠시 휘청했을 것이고, 공공장소에서 아이의 울음소리가 다른 사람들에게 폐가 될까 봐 당황했을 것이고, 성급한 누군가가 아이나 여자에게 한마디라도 보탤까 봐 휘청했을 것이다.

아이에게 급히 젖을 물리는 "등나무 같은 손목"에서 짐작할 수 있듯이, 여자의 손은 등나무 순이 허공에서 바람에 휘청이듯이 허둥지둥했을 것이다. 또 "등나무 같은 손목"에서 여자가 삶의 허름함이나 고생에서 벗어나 있지 않다는 것도 읽을 수 있다..

거친 파도를 다 다독이고 난 다음의 잔잔함은 "아가와 엄마가 이어지는 순간"이다. 아기에게 젖을 물린 순간부터 여자는 어머니가 되는 것이다. 여자는 약하나 어머니는 강하다고 했던가? 아이에게 젖을 물린 여자에게 식당에서 밥을 먹는 사람들의 눈길이 집중된다. 그러나 아가에게 젖을 물리느라 허둥대던 여자는 곧 "뿌리 깊은 나무처럼 의젓"한 엄마가 된다. 여자가 어머니로 변화하는 순간이다.

이어서 소리 없는 질문 하나가 식당을 가득 메운다. 뿌리처럼 든든하고 흔들리지 않는 모성이 우리에게 묻는다. "너의 앞에 놓여있는 밥그릇과/내 아기가 물고 있는 젖이 무엇이 다르냐고//반짝이는 눈으로 묻고 있다"

이때 식당 안에 있는 "많은 입들은 대답을 놓친"다. 말 없는 말이 울림이 더 큰 법이다. 논어의 한 구절이 생각난다. '천하언재天何言哉'라는 구절이다. 우리말로 풀어보면 '하늘이 무슨 말을 하더냐?'라는 뜻이다. 하늘은 아무런 말씀 한마디 없이 우리를 가르친다는 뜻이다. 말 없는 말을 하는 사람과 말 없는 말을 알아듣고 깨달은 사람들이 모여 있는 식당 안은 그래서 "고요가 삼켜버린" 것이다. 고요에게 먹힌 것이다. 아니 한 번 더 생각해보면 '깨달은 사람들'이 고요를 생산한 것이다. 그래서 마침내 우리 모두 고요해지는 것이다. 굳이 말로 가르치지 않는 침묵, 굳이 한 소식 들었다고 떠벌리지 않는 깨달음, 그 마음에 고요기 들어차는 것이다.

이런 작품은 또 있다.

봄날
노오란 담장 옆으로 길게 장이 섰다

들에서 겨울을 지낸 시금치며 냉이 움파도 있다
밭두렁을 옮겨놓은 듯 펼쳐놓고
무릎 사이에 귀를 내려놓은 할머니
베어진 나무 밑동처럼 한쪽에 박혀 있다

고단하고 덜컹거렸던 날들을
듣고 있는지
새벽을 이고 나온 머리 위로
고요가 멈춰 있다

그냥 갈까
망설이던 발걸음이, 냉이 좀 주세요
쪼그려 앉은 나른함이 깨어난다

당신의 푸른 날을 만났을까

연신 미소를 띠며 건네주는 할머니의 봄
나물에서 봄을 듣다
  - 「봄을 듣다」 전문

「중심」과 마찬가지로 서민들의 일상에서 건져 올린 시적 순간에 "고요가 멈춰 있다". 시적 자아는 시장 좌판에 나물 몇 가지를 펼쳐놓은 할머니를 관찰하게 된다. "베어진 나무 밑동처럼 한쪽에 박혀 있"는 할머니는 "무릎 사이에 귀를 내려놓"을 정도로 "고단하고 덜컹거렸던 날들"을 견디고 있다. 고생스러운 시간들을 견딘 할머니 "머리 위로/ 고요가 멈춰 있"는 것이다. 좌판을 열고 "시금치며 냉이 움파"를 파는 할머니에게 "냉이"를 사며 "봄을 듣"는다. 다시 살펴보면 할머니의 고요를 살짝 두드리고 할머니를 다시 움직이게 해서 시적 자아가 산 봄은 할머니의 "푸른 날"이다.

고순자 시인의 작품은 어느 작품을 펼쳐도 빛나는 언술과 아주 매력적인 형상화가 작품마다 넘쳐난다. 「봄을 듣다」라는 작품 한 편에서도 할머니의 상태 내지는 형편을 "고단하고 덜컹거"린다나 "무릎 사이에 귀를 내려놓"는다, 그리고 "베어진 나무 밑동처럼 한쪽에 박혀 있다"라는 구절 들은 시를 읽는 독자들이 밑줄을 긋고야 마는 구절 들이 틀림없다.

2. 변화와 조화로움으로 풀어내어

콩을 심고 며칠이 지나도
싹이 나오지 않으면 씨가 아니다
그냥 콩이지

주렁주렁 콩 꼬투리 잘 맺으라고
좋은 날에 심었지

어어
가지에 팝콘을 뿌렸나?

어느새 여름이
콩 꼬투리마다 푸른 보석을
가득가득 채워놓고 떠났네

- 「콩 씨」 전문

　고순자 시인의 사고는 매사에 고요하고 깊다. 시를 읽는 독자도 시적 자아를 따라가는 동안 저절로 고요해지고 깊어지게 된다. 고 시인의 이런 사고는 어디에서 왔을까? 변화에서 온다. 변화는 겉모습뿐만 아니라 성질까지도 바꾸어 달라지는 것이다. 이것은 마치 파도가 잔잔한 바다가 되는 것과 같다. 파도의 겉모습도 바뀌고 성질도 바뀌어야 잔잔한 바다가 되는 것이다.

　다시 말하면 '변變'은 겉모양을 바꾸는 것이고 '화化'는 성질이 바뀌는 것이다. '변'은 열매라고 말할 수 있고, '화'는 열매가 생성되는 과정 내지는 열매가 되기 위해 분열하거나 발산되는 과정이라고 할 수 있다. 그렇다고 해서 '변'과 '화'가 서로 단절된 단계는 아니다. '변' 안에는 '화'가 이미 들어있고, '화'는 '변'으로 귀결되는 과정을 내포하고 있다. '변'과 '화'가 일련의 순환으로 태극처럼 물결치고 이동하며 이어가는 과정이자 귀착점이다. 서로가 서로의 처음이자 마지막이다. '변'과 '화' 자체도 처음과 마지막을 서로 포괄하고 있다.

위 작품 「콩 씨」도 이런 변화가 생명의 당연한 과정이라는 메시지가 들어있다. 위 작품 속의 한 구절을 보자. "콩을 심고 며칠이 지나도/싹이 나오지 않으면 씨가 아니다"라는 선언적 언술이다. 시적 화자는 싹이 돋지 않는 "그냥 콩"은 생명으로서 존재할 아무 의미가 없다고 선언한다.

이런 선언적 진술은 우리가 그동안 너무 당연하게 생각하던 것들을 다시 돌아보고 일정한 의미망 안에서의 존재가치를 재설정하게 한다.

'콩'은 이미 그 안에 싹이 트고, 잎이 피고, 다시 콩이 될 수 있는 충분한 조건들을 이미 갖추고 있다. 그러나 조건이 아무리 좋아도 변화의 노력 내지는 조짐이 없다면 존재가치로서 쓸모가 적어지게 된다. 아주 잘 돼 봤자 누군가의 밥상에서 한 숟가락 반찬 정도로 생명으로서의 순환을 마치거나 무미건조한 물질로 전락할 것이다.

그래서 시적 화자는 변화가 없는 이런 상태를 "그냥 콩"이라고 언술한 것이다. "그냥 콩"은 별 의미가 없다. 미래에 대한 두근거림도 없고 기대치도 없고 자연이나 생명의 순환 과정에 더는 참여할 수 없는 물질이다.

"그냥 콩"이 안되게 하려고 시적 화자는 콩 한 알을 "좋은 날"로 택일해서 심는다. 그래야 "그냥 콩"이 "푸른 보석"으로 변화하는 것이다. 우리 삶도 마찬가지다. 위 작품을 읽으면서 "좋은 날"을 '좋은 책' 혹은 '좋은 사람' 등으로 바꾸어 읽어보면 위 작품의 의미가 더 깊어진다.

좋은 사람이나 좋은 책을 만나야 사고가 깊어지고 내가 변화하는 것이다. 변화하는 과정이 있어야 내가 생명의 순환 작용에 참여하는 것이고 그래야 내 존재가치가 있는 것이다. 그래야 나도 사회의 한 구성원으로 사는 동안 어느 조직에서나 혹은 누구에게나 "푸른 보석"이 되어줄 수 있는 것이다.

우리는 삶을 살아가는 과정에 중요한 일이라고 생각하는 것은 꼭 "좋은 날"을 받게 된다. 아이를 낳을 때나 이사 갈 때, 사업을 시작할 때, 결혼할 때 등등의 대사에 택일하는 궁극적인 이유가 바로 생명의 순환 과정이 순조롭고 번성하기를 바라기 때문이다.

세상의 모든 생명체는 '변화'라는 과정을 통해 생명의 순환과 보존 그리고 유지에 이바지한다. 각각의 생명체가 하나의 독립된 순환 과정을 거치면서 또 전체의 순환 과정과도 긴밀하게 연결되어 있다. 독립되어 있으면서도 서로 연결된 상태로 조화를 이룬다.

충남 청양군 목면 본의리에 본적을 둔
느티나무가 주소 한번 옮기지 않고
오백 년을 살고 있대

세 형제가 우람하게 자랐는데
비바람에 큰형 줄기 잘려나갔대
그 상처 위로 벚꽃이
백 촉 전구로 환하게 피었대

벚나무는 느티나무에 세 들었을까
아니면, 느티나무 상처에 몸 풀었을까
오백 년 느티나무 젊은 벚나무 만나 회춘했겠네
속내도 모르는 마을 사람들 경사 났다네

오목눈이 둥지에 알을 낳고 떠난 뻐꾸기
새끼는 오목눈이와 발뒤꿈치가 닮았다네
어이없게도 뻐꾸기는 내 새끼라며 데려갔네
오목눈이 둥지에 허탈만 가득 남았네

느티나무에 눌러앉은 벚나무는 한통속이 되었으니
다문화 가정을 이루었네
오목눈이 둥지에 뻐꾸기 모자도
경사 났다며 한 가정 만들면 되겠네

뻐꾸기 어느 산골짜기 벚나무 열매 따 먹고
상처 난 느티나무에 앉았겠지
오목눈이와 뻐꾸기도 한통속 하면 안 되겠나?
　　　　　　　　　　　－「느티나무 벚꽃」 전문

　위 작품은 앞에서 말한 '독립되어 있으면서도 서로 연결된' 조화로운 상태, 즉, 화이부동和而不同의 상태를 아주 잘 서술한 명작이다. 오백 년 된 느티나무의 큰 가지가 비바람에 부러졌다. 부러진 느티나무 가지 위로 벚꽃이 환하게 핀 정경을 언술한 작품이다. 느티나무 등걸 옆에 사는 벚나무가 부러진 느티나무 가지 위로 활짝 핀 꽃들을 들어 올려 느티나무의 상처를 보듬었을 것이다. 생때같은 자식을 잃은 느티나무의 상처도 벚꽃과 함께하는 동안은 부러진 상처를 잊고 잠깐은 향기롭기조차 했을 것이다.

"벚나무는 느티나무에 세 들었"을 수도 있다. 아니다. "오백 년 느티나무"가 "젊은 벚나무"를 "만나"서 "회춘"했을 수도 있다. 속사정이야 어찌 되었든, "한통속"이 된 느티나무와 벚나무는 "경사"가 난 게 확실하다. 느티나무는 느티나무대로 벚나무는 벚나무대로 생명의 순환 과정에 이바지하는 기쁨으로 봄날이 더 환해졌을 것이다. 느티나무와 벚나무는 따로 또 같이 사는 방법을 터득하고 실천하는 것이다. 한편의 장엄하고 환한 그림을 보는 듯한 작품이다.

여기서 멈추지 않고 시적 화자는 우리에게 묻는다. "뻐꾸기 어느 산골짜기 벚나무 열매 따 먹고/상처 난 느티나무에 앉"아 쉬는데 "오목눈이와 뻐꾸기도 한통속 하"면 어떠냐고 넌지시 묻는다. 뻐꾸기는 벚나무 열매를 먹고 느티나무 가지에서 쉰다. 벚나무와 느티나무처럼 오목눈이와 뻐꾸기도 "한통속"으로 조화를 이루었으면 좋겠다는 염원이다.

    탁란하는 뻐꾸기도 자식을 제 손으로 키우지 못하는 속이 좋을 리 없다. 남의 새끼를 "발뒤꿈치가 닮았다"라는 기막힌 논리까지 동원해가며 키워내는 오목눈이 마음도 내색하지 않는다고 해서 좋을 리만은 없다. 어차피 생애 단계에서 하나로 만난 인연들이다. 피할 수 없이 엮인 운명들이다. 바꾸지 못할 상황이라면 받아들이고 서로 위로를 건네고 서로에게 감사를 건네며 "한통속"으로 살자는 이야기다. 그렇게 이생 이어 다음 생으로 함께 건너가자는 것이다.

    고순자 시인의 '따로 또 같이' 또는 화이부동의 사고를 엿볼 수 있는 작품을 하나 더 읽어보자.

    목발도 한통속이어서
    오늘은 이 발에 가지가 돋으려나
    바닥을 짚을 때마다 스멀스멀 겨드랑이를 간지른다

    시멘트 계단을 잘도 오르던 다리가
    마지막 남은 계단을 지워버렸다
    발목의 무게는 온몸을 짓눌러
    객식구를 들이기로 했다

    중략

    힘들 때 동거해 온 반쪽을 어쩌지?

장마철이라서 심어주면 뿌리 내릴 수 있을까
　　　　　　　　　　　　　　　　- 「동거」 일부분

　위 작품은 제목이 주제를 그대로 말하고 있다. "동거"라는 말은 여러 의미가 있다. 결혼 전의 사람들이 한집에서 사는 동거, 그리고 그냥 이런저런 형편으로 보통의 사람들이 한 집이나 한 방에서 같이 사는 동거가 있다. 그리고 위 작품에서 '동거'의 의미는 서로 다른 물성이 한 곳에서 같이 사는 동거다.

　「느티나무 벚꽃」의 느티나무처럼 「동거」도 서로 하나의 공동체로 묶이는 이야기다.

　시적 화자는 발목이 부러진 모양이다. 목발을 딛고 생활하다가 부러진 발목이 나았을 때 시적 화자는 미련 없이 목발을 버리지 못한다. "힘들 때 동거해 온 반쪽"이기 때문이다. 목발과 시적 화자는 잠깐의 동거를 통해 "한통속"이 되었기 때문이다.

　마침 부러진 발목이 다 나은 계절이 여름인가 보다. 시적 화자의 상상력은 그동안 의지하고 살며 정이 담뿍 든 목발을 "장마철이라서 심어주면 뿌리 내릴 수 있"다는 데까지 번진다. 성경에도 지팡이에서 싹이 나고 열매가 맺힌 '아론의 지팡이' 이야기가 나온다. 불가에서도 의상대사의 지팡이'에서 싹이 나서 골담초가 되었다는 둥 유사한 이야기를 많이 듣는다. 싹이 난 지팡이 이야기는 범박

한 논리로는 이해가 되지 않는다. 비유와 상징을 부려 쓸 줄 아는 시인만이 죽은 나무토막에서 생명을 불러낼 수 있다.

위 작품의 시적 화자도 목발에서 싹이 날 것을 기대하며 "장마철"에 "심어 주"고 싶어 한다.

음양오행에서도 장마철인 '수水'와 목발인 '목木'은 상생의 관계다. 잘 아시다시피 생명의 '생生'이라는 글자는 새싹이 돋아나는 상형이다. 나무토막에 싹이 나면 생명이 시작되는 것이다.

「느티나무 벚꽃」에서 느티나무가 벚꽃의 도움을 받았듯이 시적 화자는 발목이 부러진 불편함을 목발의 도움으로 회복했다. 목발은 생명 활동을 그친 나무토막에 불과하다. 그러나 목발 안에는 다시 싹이 날 수 있는 인자가 얼마든지 내재해 있을 수도 있다. 멈춤 속에 이미 활동이 들어있고 활동은 멈춤을 향해 가는 순환 작용과 같은 이치다. 앞에서 말씀드린 변화의 과정을 통해 나무토막인 목발은 한 그루 우람한 나무로 자랄 수 있다.

아픈 발목이 다 나은 시적 화자는 목발도 새 생명의 기쁨과 환희를 느끼게 해주고 싶은 것이다. 이쯤 되면 '발목'과 '목발'이라는 시어는 서로 한통속으로 연결되어서 닮은 듯도 하다. 그래서 이 작품은 생명들 상호 간에 이뤄내는 아름다운 「동거」다. '따로 또 같이' 내지는 차이가 있되 조화로운 화이부동의 사상이다.

위 작품들과 결이 같은 작품은 고순자 시인의 이번 시집 여기저기에서 쉽게 만날 수 있다. 이는 고순자 시인이 그만큼 서로 돕고, 서로 의지하고, 서로 생명을 돌보는 삶을 중시한다는 것을 엿볼 수 있는 대목이다. 고 시인의 「오래된 나무」도 동굴처럼 상처가 패인 나뭇등걸에 "추위를 피해 들어온 바람"이 "늙은 매화나무"에 "꽃물이 돌게" 도와주어 "새봄을 피워내"게 하는 상생의 미학이 돋보이는 작품이다.

3. 세상을 위로하다

고순자 시인의 시적 세계는 남다른 데가 있다. 필자를 비롯한 시인들의 첫 시집에는 가족 이야기가 많은 부분을 차지하고 있다. 시가 상상력에 기대고 있다고는 하지만, 시의 태생은 시인의 경험을 기반으로 한다. 그러므로 첫 작품집은 가족이나 친구를 소재로 쓰는 경우가 많다. 워낙 과작인 고순자 시인의 작품들은 이런 추세를 이반하고 있다. "어머니는 한숨 반, 노래 반/흥얼거리며 바느질하고 있다"(「겨울밤」 중에서)라는 것처럼 가난하고 "욱신거리는 밤"(「겨울밤」 중에서)을 표현한 작품도 간간이 있다. "지나가 버린 날들을 데리고 와서/거미줄처럼 이야기를 풀어내"는(「흑백사진」 중에서) 것처럼 친구를 소재로 한 작품도 있다.

  고순자 시인의 시 세계는 견자의 눈과 마음으로 세상의 타자들을 마음으로 읽어낸 고요하고 깊은 사유로 가득하다. 고순자 시인의 시는 개인에 대한 위로나 치유보다는 타자들과 함께 가는 세상을 꿈꾼다. 시류에 편승하지 않지만, 시대를 외면하지도 않는다. 시적 온도는 따듯하고 사물을 대하는 시선은 미시적이면서도 거시적이다.

  고순자 시인의 이번 작품집에는 '세월호 사건'으로 세상을 하직한 아이들에 대해 아랫목 같은 위로와 사랑도 건넨다. (「상사화」) 또한 함께 살아가는 이웃과 물상들에 대해서도 깊고 세심한 안부를 챙긴다.

>오전에 잠깐 아지랑이가 다녀갔다
>나무를 감싼 보온 덮개를 벗겨주었다
>
>추위가 떠나지 못한 들녘에서 불어온 찬바람이
>빈 나뭇가지에 걸려있다
>멀리서 밀려온 빛바랜 눈발이
>천천히 하늘보 오른다
>
>지난가을 남해에서 가져온 어린 유자나무를 산밭에 심고
>얼지 말라며 당부까지 넣어 덮어주었다
>겨울을 처음 맞은 나무들
>여린 손발 가락에 얼음은 안 들었을까

객지에서 첫 겨울을 지낸 철부지 딸 생각에
아랫도리에 손을 얹어보고 가지를 쓰다듬는다
매운 추위 잘 견뎠다며 햇살도 한 줌 뿌려준다

흙을 돋아주고 뿌리 가까이 속삭이듯
말도 걸어보며 가만히 귀를 대보았다
나무는 어느새, 사드락사드락
봄 바다를 퍼 올리고 있었다

-「입춘」 전문

참 따뜻한 작품이다. '입춘'은 24절기 중에서 첫 번째 절기다. 드디어 새봄이 온다는 때다. 집집이 대문간이나 대들보에 춘첩자를 붙여 가정과 국가의 안녕을 기원하는 날이다.

위 작품 속의 시간적 배경은 "오전에 잠깐 아지랑이"를 보았다는 말에서 짐작할 수 있듯이, 봄이다. 시적 화자는 "나무를 감싼 보온 덮개를 벗"겨 준다. "지난가을 남해에서 가져온 어린 유자나무를 산밭에 심고/얼지 말라며 당부까지 넣어 덮어주었"는데 "겨울을 처음 맞은 나무들/여린 손발 가락에 얼음은 안 들었을까"를 염려한다. "아랫도리에 손을 얹어보고 가지를 쓰다듬"어주며 애지중지한다.

이 작품 속의 "어린 유자나무"는 "객지에서 첫 겨울을 지낸 철부지 딸"과 유비 관계가 성립한다. 시적 화자는 "철부지 딸"에게 그랬던 것처럼 "어린 유자나무"에게

"흙을 돋아주고 뿌리 가까이 속삭이듯/말도 걸어보며 가만히 귀를 대보"며 함께 지낸다. 말 그대로 "유자나무"와 동거한다. 딸이 어머니의 사랑을 느끼듯이 "어린 유자나무"도 시적 화자의 사랑을 느꼈을까? "나무는 어느새, 사드락사드락/봄 바다를 퍼 올리고 있"다. 유자나무에 새싹이 나는 것이다. 이는 유자나무가 생명의 순환 과정에 참여하며 존재가치를 가지게 된 것이라는 언술이다. 꽃샘바람이 "어린 유자나무"를 비켜 가는 이유도 시적 화자의 극진하고 따듯한 사랑 때문이리라.

  이 작품도 고순자 시인의 이번 시집을 관통하는 '변화'와 '조화'가 중심축을 이루고 있다. "어린 유자나무"는 "빈 가지"에서 새잎을 내고 곧 열매를 맺을 것이다. 유자 열매는 씨앗을 깊이 품고 익어갈 것이다. 또 씨앗 속에는 유자나무로 자랄 변화의 유전인자들이 가득 담겨 있을 것이다. 이런 '변'과 '화'의 과정을 순환하듯 거치며 유자나무는 세상이라는 거대한 광장에서 다른 나무들이나 사람이나 동식물과 어울리며 하나의 의미로 자랄 것이다. 그렇다고 유자나무가 제 중심을 잃고 사과를 맺는 일은 없을 것이다. 이런 세상이 화이부동의 세상이다. 다음에 소개하는 작품에서도 고순자 시인의 이런 사고는 잘 나디니 있다.

    무화과는 꽃이 없다고 해서

붙여진 이름이래요
무화과나무를 은화과나무로 부르기도 하지요
꽃이 숨어 있다고 해서 말이에요
이 나무에 꽃주머니가 있다는 걸 아세요
5월이 오면
나뭇잎의 겨드랑이 사이로 새순처럼
볼록 돋아나 주머니 모양으로 자라지요
그 속에서 보일 듯 말듯 작은 암·수꽃이 피어
말벌을 부르지요
꽃 속으로 들어온 벌들은 온몸에
꽃가루를 바르고 매파 노릇을 해 준다네요

수꽃은 벌에게
꽃가루를 뿌려주어 벌이 사랑의 결실을
맺도록 도와주지요
사랑에 빠진 암벌이 꽃 속에 알을 낳으면
그때부터 수벌은 이별을 준비한다네요
알을 낳은 암벌을 꽃주머니 밖으로 밀어내고
생을 끝내니까요

꽃주머니는 과육으로 채워지면서 익어가고
말벌은 딱딱해지는 무화과 껍질을 깨고
세상 속으로 날아들지요

─「말벌과 무화과」 전문

인류가 최초로 재배했다는 무화과에 대한 작품이다. "무화과는 꽃이 없다고 해서/붙여진 이름이"다 그런데 무화과는 진짜 꽃이 없이 열매만 맺는 것일까? 보이지 않는다고 해서 없는 것은 아니다. 사실 진짜 "꽃이 숨어 있"어 우리가 직접 볼 수는 없다. 그래서 시적 화자도 "은화과"라고 언술한다.

《나무위키》에서 확인해보면, "보통 나비나 벌들은 무화과 꿀을 따먹을 엄두도 못 내고" "무화과 말벌들이 속으로 기어서 들어가 꽃들을 수정시켜" 준다고 한다. 무화과 말벌의 "수벌과 암벌이 교미한 다음 수벌은 죽고 암벌은 꽃 밖으로 나온다"라고 기록되어 있다.

위와 같은 사실이 고순자 시인의 작품에서는 "사랑에 빠진 암벌이 꽃 속에 알을 낳으면/그때부터 수벌은 이별을 준비한다네요/알을 낳은 암벌을 꽃주머니 밖으로 밀어내고/생을 끝내니까요"라고 묘사되어 있다. 여기서 말벌은 사랑을 시작하는 순간부터 이별도 준비한다. 사랑과 이별이 동시에 시작되는 것이다. 이는 우리 삶도 마찬가지여서 태어난 순간부터 죽음을 향해 날마다 자라고 있다는 말과 똑같다. 만남과 헤어짐, 죽음과 삶이 한 가지다.

"꽃주머니는 과육으로 채워지면서 익어가고"라는 구절에서 우리가 알 수 있듯이, 말벌들의 사랑은 무화과꽃을 수정시켜서 무화과 열매가 되게 한다. 꽃에서 열매로 변환하는 과정에 말벌들의 사랑이 이바지하는 것이다.

그렇다고 말벌들이 무화과나무를 위해 산 것은 아니다. 말벌들은 무화과나무에서 수분을 얻고 번식에 필요

한 아늑한 공간을 얻는다. 무화과꽃이 제공한 공간에서 말벌들은 서로 사랑하고 후손을 남기는 본능적인 일에 충실했을 뿐이리라. 그저 말벌로서의 생애 단계에 따랐을 뿐이다. 사랑하고 번식하고 죽어가는 생애 단계를 수행하는 동안 말벌도 변화의 과정을 수행한다. 그렇게 말벌로서의 생을 수행하면서 무화과나무의 변화에 이바지한다.

우리 삶도 그렇다. 내가 의도하지 않아도, 미처 인지하지 못하고도 우리는 내 삶도 살고 타자의 삶도 관여하기도 하고 이바지하기도 한다. 무언가 목표를 정해두고 그 목표를 향해 정진하는 삶이나 어떤 특별한 의도 없이 그저 하루하루 열심히 살아가는 삶이 똑같이 소중한 이유가 바로 여기 있다.

범박한 사람으로, 아무것도 아닌 사람으로 사는 게 삶의 목표인 사람도 세상의 변화에 무언가 이바지하며 사는 것이다. 깃발을 들고 앞에 나선 사람도 변화를 끌어내는 사람으로 중요하지만, 묵묵히 자기 자리에서 그저 존재하는 사람도 변화의 과정에 함께 참여하게 되어 똑같이 소중한 것이다.

삶은 우리가 무언가를 의도하고 그대로 사는 과정이 아니다. 그저 주어진 일, 하고 싶은 일에 하루하루 충실하다 보면 어떤 일을 이루기도 하고 어떤 자리에 있게도 된다. 그래서 우리는 존재 자체로 충분히 사랑받을 만하고 가치가 있는 것이다.

 이 작품의 말미에서 시적 화자는 "말벌"은 다시 "세상 속으로 날아"든다고 언술하고 있다. 수벌은 교미 후에 "생을 끝내"고 "암벌을 꽃주머니 밖으로 밀어"낸다. 암벌은 무화과를 빠져나와 다시 꽃 밖으로 날아가는 것이다. 세상으로 날아간 말벌은 다시 짝을 구할 것이고 다시 무화과나무 수분에 의지해 생명을 보존할 것이고, 무화과나무꽃이 제공한 공간에서 사랑하다 죽을 것이다. 무화과 말벌로서의 생애 단계를 충실하게 이행하면서 자신의 변화와 타자의 변화에 연관된 삶을 살 것이다.

 고순자 시인의 이번 작품집 「봄을 듣다」 전체를 관통하는 단어는 '푸르다'라는 시어나 혹은 그와 유사와 의미를 갖거나 상징을 나타내는 단어들이 많다. 얼핏 눈에 띄는 대로 찾아보면, "당신의 푸른 날"(「봄을 듣다」 중에서), "빗물 머금은 나무들이 초록으로 반짝인다"(「동거」 중에서), "아버지의 푸른 꿈도"(「겨울밤」 중에서), "콩 꼬투리마다 푸른 보석"(「콩 씨」 중에서), "푸른 미역귀"(「구시포」 중에서), 등이 있다. 위에서 찾아본 시어들은 모두 '푸르다'와 유사한 의미망에 묶을 수 있다. 이 시어들은 청춘이나 젊음, 싱싱함, 생명력, 거듭남, 소중함 등으로 볼 수 있다. 이 시어들은 고순자 시인이 이번 작품집을 통해 우리와 공유하고 싶은 궁극적인 메시지를 알아챌 수 있게 해준다.

고순자 시인은 여러 시편을 통해 삶의 과정에 필연적인 변화와 조화에 대해 말하고 있다. 변화와 조화로 이루어지는 삶의 단계와 생명의 순환 과정에 기꺼이 이바지하는 것들에 관해 이야기한다. 모든 삶은 끝이 난 후에도 무망하지 않다. 모든 생명은 존재 자체로서 혹은 존재했었다는 사실로서 소중하며 자신과 생명의 순환에 동참하고 이바지한다는 것을 고순자 시인은 우리에게 귀띔하고 있다. 그래서 앞으로 전개될 그의 시는 어떤 빛깔과 향기로 우리에게 다가올지 기대하고 기다린다.

고순자 시집
봄을 듣다

인 쇄 | 2025년 5월 05일
발 행 | 2025년 5월 10일

지은이 | 고 순 자
펴낸이 | 서 정 환
펴낸곳 | 인간과문학사
주　소 | 서울특별시 종로구 삼일대로 30길 21, 종로오피스텔 809호
전　화 | 02)747-5874, 063)275-4000
등　록 | 제300-2013-10호
E-mail | sina321@hanmail.net

* 저자와 협의하여 인지는 생략합니다.
* 잘못된 책은 바꿔 드립니다.

ISBN 979-11-6084-251-7 03810
값 10,000원

Printed in KOREA